講話CD付き

経営に求められる力

稲盛和夫

INAMORI KAZUO

サンマーク出版

経営に求められる力

目次

経営者がもつべき「自力」とは何か

自分の分身となる「他力」を手に入れる

偉大な自然の力を味方につける

生き方の神髄②

装丁・造本　菊地信義＋水戸部功
編集協力　京セラ株式会社　稲盛ライブラリー
京セラコミュニケーションシステム株式会社
逍遙舎
編集　斎藤竜哉（サンマーク出版）

本書は、二〇〇六年十一月二十六日に行われた「盛和塾ニューヨーク塾長例会」での講話をCDに収録し、その内容を書籍にまとめたものです。講演会場にて録音された音源のため、一部お聞き苦しい箇所がある場合がございます。どうかご了承ください。

書籍は収録した講話を文章にしたものですが、読みやすくするために、一部表現を変えるなど編集を加えてあります。

経営に求められる力

経営者がもつべき「自力」とは何か

まずビジネスとして成り立つか検証する

今日は経営をするうえで大切な三つの力ということについて、お話ししてみたいと思います。

第一番目は、経営をするトップである経営者がもっている力です。「経営十二か条」（後述）に書いてある、あの全項目を実行することが、まさに経営者の力であります。

「あなたには経営者としての力がありますか？　その

力を発揮していますか？」と問われたときに、「私は『経営十二か条』を忠実に守り、実行している」ということであれば、一応は経営者としての力をもっていることになるわけです。

日本の場合には、親が営んでいた事業を継承する、または会社に入っていろんなことを勉強し、それをもとに独立するなど、いろんなケースがあるわけですが、とくにアメリカの場合には、何か新しい仕事を始めたいと思い、いろんなことでヒントを得て、独立をするというケースが非常に多いと思います。

そういう場合には、「経営十二か条」の前にまず考えなければならないのは、いまあなたが考えている事業、起業しようと思っているものは、ビジネスとして成り立つかどうかということです。ビジネスとして成り立つ条件を備えているのかどうか、自分で検証してみることがたいへん大事です。

製造業であれば、すでに市場価格というものが存在しているはずですから、その市場価格に対応できるような原価でつくることができるのかどうか。材料費、人件費などを入れて、いま、このくらいのマーケットプライスになっている。そのマーケットプライスに対して、十分対抗できる原価でつくることができるのかどうか。

それらの検討もしないで、私はこれをつくることができるからというだけで事業を始めてしまう。ところが始めてみたら、その品物のマーケットプライスは崩れてしまっていて、想定した原価では採算が合わない。そういうことになってしまうケースもありますから、製造業であれば、製造原価、材料費、人件費などを入れていき、マーケットプライスに十分対抗できるという確信をもったうえで製造を始めなければならないわけです。

もう一つは流通業の場合です。流通業というのはモノを仕入れて販売する、または実際にモノを仕入れて販売しなくても、コミッションだけをもらうケースもあります。代理店、代理業、口利き業のことです。

あるメーカーの商品を買ってくれるユーザーに話を持っていき、メーカーとユーザーが直接取引をするのですが、口利き料として代金の三パーセント、五パーセントというマージンをもらうというケースがあります。そういうものを含めて流通業というのですが、ここでビジネスをする場合には、流通業は一番手っ取り早く資本もかかりませんので、一番やりやすいビジネスなのだろうと思います。

この場合でも、販売する値段から仕入価格を引いたグロスマージンがどのくらいあるのかということを考えなければなりません。

宣伝その他もしなければならないとなってくれば、一〇パーセントは欲しい、いや、最低でも一五パーセントの粗利がなければやっていけないというケースもあると思います。

業種によって、マーケットによって、いくらの粗利があればよいのかということを考えなければならないのです。販売に対して人件費が相当かかってしまうというケースもあるでしょうし、あまりかからないというケースもあるでしょう。

流通業の場合でも、自分が取り扱おうとしている商品でどのくらいの粗利を得られるのか、営業員を抱えて販売していくときに十分ペイするかどうか。そのようなビジネスプランが成り立つかどうかということを、まず考えなければならないわけです。

そういうことを十分に検討して、ビジネスのシミュレーションを自分でしてみて、これならいけそうだ、これだけのマージンなら販売できる、これだけの原価ならつくれると思ったならば、起業の前提ができたわけですから、自分でその業を始めてもよいのです。

そういう前提があって事業を始めていく場合に、何よりもトップ、経営者に力があるかどうかということが一番大切です。

間違いなく自分がやろうとしている流通業または製造業は、十分なマージン、粗利を稼ぐことができる、自分がムダ遣いをしたり、いい加減な経営をしないかぎりは十分にやっていくことができる、という目安がついたならば、次は「経営十二か条」にある経営者としての自分の力、能力を存分に発揮していくことが必要です。

経営者としての能力、力がなかった場合には、もう経営にはなりません。誰がやるのではなく、自分がやるわけですから、「経営十二か条」を忠実に行っていく力をもっていなければなりません。

「経営十二か条」を着実に実行していく

「経営十二か条」を申し上げれば、一番目は「事業の目的、意義を明確にする」ということです。それも公明正大で大義名分のある高い目的を立てることが必要です。

つまり、なぜこの事業をするのかということを自分自身に言い聞かせるためにも、大義名分のある目的、意義をハッキリさせる。

経営者がこの会社、事業を始めるにあたり、自分の私利私欲を満たすためだというのであれば、おそらく従業員の協力をあまり得られないかもしれません。経営者が儲《もう》けるために我々をこき使うだけというのであれば、あまりうまくはいかないかもしれません。

ですから経営者は大義名分のある高い次元の目的、従業員から共感を得られるような意義、使命というものを立てることが必要なのです。

そういう高尚な目的ではなくて、経営者の私利私欲で会社を始めるようではいけませんといいました。しかしアメリカの場合には、だいたいが私利私欲に満ちていて、経営者が儲けたいというケースが多いように思います。

そして、その代わり、パートナーであるおまえにもこれだけのものをやるからどうだという、つまり利害で結ばれた関係で会社が始まっていく。上層部だけで分け前を分け合っていこうとしますから、一般の従業員に不平不満が残ってしまって、組合ができたりしていろんなトラブルが発生してしまうというケースがあります。

やはり私は、利害得失、私利私欲で動くアメリカの社会においても、できるだけ大義名分のある目的を立てるべきだと思います。

二番目は「具体的な目標を立てる」というものです。「ウチの会社は今年、こういう売り上げで、こういう利益を出していこう」と、具体的に月々の計画まで立てて、それを従業員と共有する。

従業員たちが計画を理解してくれて、「社長、わかりました。その計画でいきましょう」といってくれるような具体的な経営目標を立てることが必要です。

月次で目標を立て、従業員によく説明し、従業員から協力を得られ、ベクトルがそろえられるような具体的な計画を立てて、それを共有することが必要です。月次計画のない企業では話になりません。

三番目として、私は「強烈な願望を心に抱く」といっています。同時に、潜在意識に透徹するほどの強く持続した願望をもたなければならないといっています。

強烈な願望――どうしてもこうでありたい、どうしてもこれを達成したい、何としても達成したいという強烈な願望を、リーダー、トップは心に抱かなければなりません。

寝ても覚めてもそれを思うというほどの、そういう願望をリーダーはもたなければならないのです。

京セラを経営しながら、若いころ、いろいろ悩んでいたときのことです。お正月を迎えて会社の初出の日、社員たちを集めて「今年はこういう方針でやっていきたい」と話したときに、私はちょうど強烈な願望がなければモノは成就しないということを思っていたので、そのとき掲げたスローガンは、「新しき計画の成就はただ不屈不撓《ふとう》の一心にあり。さらばひたむきにただ思え、気高く、強く、ひと筋に」というものでした。

そういうスローガンを掲げ、それを毛筆でしたため、社内に貼り出して、今年はこういう気持ちで会社経営をしていくつもりだといいました。

「新しき計画の成就はただ不屈不撓の一心にあり。さらばひたむきにただ思え。気高く、強く、ひと筋に」

これは、実は中村天風さんの言葉から持ってきたものなのです。そのままではありませんが、非常に響きがよいと思います。

(再びスローガンを朗読)

新しい計画を立てて会社を興し、月次の具体的な計画を立て、これで経営をしていこうと思うのならば、その計画を成功させるのは、何にも負けないような、どんな困難に遭遇しようともめげないような、不屈不撓の一心が必要なのです。

そうであるがゆえに、ひたむきにただ思え。一生懸命に、真剣に、ひたむきにただ思え。それも邪心なく気高く、強く、ひと筋に思う――。

つまり、思うということ、強烈な願望が計画の成就には必要なのです。そのことを、天風さんの言葉を借りてスローガンにしたわけです。これが「強烈な願望を心に抱く」ということです。

四番目は、「誰にも負けない努力」ということを私はいっています。これは、地味な仕事を一歩一歩堅実に、たゆまぬ努力を続けるということです。

毎日の仕事というのは、そんな派手なものではありません。毎日毎日、営業にはいずり回り、断られても断られても注文を取りにいく。そういう地味な仕事を一歩一歩堅実に、たゆまぬ努力を続けていくということが「誰にも負けない努力」です。

五番目として、「売り上げを最大に、経費を最小に」といつもみなさんに私はいっています。利益を追うのではなくて、利益はあとからついてくるのです。結果論なのです。利益を利益として追いかけるのではなく、売り上げを最大にして、経費を最小にする努力をすれば、大きな利益が出てくるのです。

六番目は「値決めは経営なり」というものです。値決めというのは先ほどもいいましたように、グロスマージンがいくら出るかということです。この前提が崩れてしまったのでは、いくらがんばってみたところで何にもなりません。ですから、売値を決めること、仕入値を決めること、まさに値決めは経営なのです。

売値も仕入値も自分で決めることはできません。それはマーケットが決めることであったり、仕入れの場合には仕入れる相手があって決まることです。しかし、それでよいと決めるのはトップです。どういう条件であろうとも、トップがこの値段でよいと決める以上は、値決めはトップがするものだといっても過言ではありません。

七番目は「経営は強い意志で決まる」といっています。経営には岩をもうがつような強い意志がいります。何ものにも屈しない、何ものにも負けない強い意志がいるのです。

八番目は「燃える闘魂」です。経営にはいかなる格闘技にも勝るような激しい闘争心がいります。戦うというものがなければ、経営にはなりません。

九番目は「勇気をもって事に当たる」です。卑怯《ひきょう》な振る舞いがあっては、けっして経営はうまくいきません。

十番目は「つねに創造的な仕事をする」ということです。つねにクリエイティブなことを考えて仕事をしなければならない。十年一日のごとく同じことをくり返していたのでは経営にはなりません。今日よりは明日、明日よりは明後日と、毎日のように創意工夫を重ねながら創造的な仕事をしていくということが、絶対に必要なことです。

十一番目は「思いやりの心で誠実に」です。思いやりの心がなければ、誠実な心がなければ、経営はうまくいきません。

十二番目は「つねに明るく前向きに、夢と希望を抱いて素直な心で」というものです。

以上、私は十二項目のことをいっていますが、この十二項目のことを経営者自身が自分の力で実行できなければ経営にはなりません。

経営には三つの力がいるといいましたが、その一つ目は経営者そのものが力をもっていること。すなわち、「経営十二か条」を実行できる力をもっていることが、一つの条件となります。

自分の分身となる「他力」を手に入れる

経営が成功するカギはパートナーにある

二番目は、実はこれまであまり強調してこなかったものになりますが、自分が経営をしていく場合、自分と同じような気持ちで経営をしてくれるパートナー的な人、自分の副官、右腕ともいうべき人を得る力です。

一番目に経営者自身の自力がいるというなら、二番目は他力が必要だということです。他力を得ることができる経営者でなければなりません。他力の一番目としては、自分の右腕となるような人を得るということです。

それですぐ思い出すのは、本田技研で、鍛冶屋《かじ》でモノづくりに長《た》けている本田宗一郎さんと、それをサポートしていた藤沢（武夫）さん。経理にたいへん明るい藤沢さんが、本田さんをサポートしていました。

ですからよくいわれるのは、本田技研は、この本田さんと藤沢さんのすばらしいコンビがあったから、世界的な企業になったということです。

また、松下幸之助さんにも高橋荒太郎さんという副官、パートナーがいました。幸之助さんは精神論とモノづくりを考える人でした。その一方で、経理、会計をぴしっと守る高橋荒太郎という人がいた。

企業経営の場合には、このように片棒を担いでくれるよいパートナーを得られるか得られないか、それによって成功するかしないかが決まると一般にはいわれています。

私の場合には、本田宗一郎さんと藤沢さんとの関係、松下幸之助さんと高橋荒太郎さんのような関係の人がいませんでした。

自分で製造も、営業も、経理もしなければならないというぐあいに、すべて私は自分ひとりで広範囲にやってきましたけれども、それでも会社をつくった直後から、自分と同じように仕事をしてくれるパートナーが欲しいと思ってきました。

アメーバ経営を始めたのは、実は共同経営者をつくりたかった、育成したかったからなのです。私が経営に苦しんでいる、その苦しみを理解してもらうためには、どうしてもある部門を担当してもらって、同じ苦しみを経験してもらいたい。経営者の苦しみを理解してくれる人が欲しかったわけです。

つまり、共同経営者になるような人が欲しかった。それを育成するために、アメーバ経営——部門別独立採算制度をつくって、「あなた、責任をもってこの部門をみてください」ということによって、共同経営者を育成しようとしたわけです。

私は自分であらゆることをオールマイティにやってきましたけれども、しかし、その中で苦しんで、孫悟空《そんごくう》が毛を抜いて自分の分身をつくったような手品ができるのなら、私もそうしたいものだと思ってきました。

分身がいれば、おまえは営業をしてくれ、おまえは経理をみてくれと頼むことができる。そういう人がいてくれたらと思ってきました。

たとえていえば、経営という重たい荷物の入った大きなリュックサックを背負い、腰をかがめて坂道を上っていくよりは、天秤棒《てんびん》の一方を相棒に担がせ、真ん中に経営という重たい荷物を吊《つ》るしながら、二人でよいしょ、よいしょと担いでいくほうが、はるかに担ぎやすいはずです。

片棒を担いでくれる相棒という他力の協力を得ることができるのかどうかということが、経営をしていくうえで非常に大事なことなのです。

「人」という字の成り立ちでわかるように、人間は一人では立っていません。支えがあって、初めて「人」という字になるといわれています。

同じように、自分ひとりで経営をしていくのはなかなか難しい。やはり相棒というものが必要なのです。

利害得失で成り立つ関係は長続きしない

しかし、そうはいいましても、日本ではもちろんアメリカでは信頼できる相棒を見つけるのはなかなか難しいだろうと思います。

人種も違う、宗教も違う、考え方も違う。ましてや資本主義で、ドライな損得勘定だけで成り立っている人間関係。そんな社会で片棒を担いでくれる相棒を見つけるのは非常に難しいのです。

みなさんは、「無理ですよ。相棒を得たいと思っても、アメリカでは難しいことなんです」とおっしゃるかもしれませんが、日本でも同じです。

昨日まで信頼していた同僚が、仲間が、相棒が、簡単に同業他社へと高い給料で引っこ抜かれていく。技量をもち、力を出せば出すほど、同業他社からすれば欲しくてたまらないわけです。当然、リクルートされて、同業他社へと引っこ抜かれていくということが起きます。

今日までいっしょにいた同僚が、翌日には同業他社のライバルとなる。こちらの情報を全部持っているだけに、ライバルに全部やられてしまうケースだってあります。

ですので、相棒を得ようと思っても、なかなか難しい。これは日本でも――アメリカほどドライではありませんが――同じことです。

しかし、だからといって、自分だけでやってみたところで知れています。小規模からちょっと抜け出たくらいの規模の会社までは、自分ひとりでもできるかもしれませんが、百億、二百億という規模の会社にまでしていこうと思えば、どうしても信頼できる相棒がいります。

それでは利害得失や損得勘定で、たとえばストックオプション[1]などを使ってインセンティブを与え、君にもこれだけの報酬をやるからという欲で仲間をつくっていくことは、アメリカではよく行われています。日本でも行われていますが、そういうものでは長続きしないはずです。

どうしても相棒をつくろうと思えば、経営者として、私は企業経営に対してこういう使命感をもっているということを、まずハッキリと相棒となる人に伝えなければなりません。

心で結ばれたパートナーシップが大切

私はこういう人生観をもち、人生を生きていこうと思っている。私はこういう哲学に基づいて人生を生きていこうと思う。

つまり、私がいつもみなさんに話をしている「考え方」です。

私はこういう考え方で人生を生きていこうと思う、私はこういう考え方で企業経営をしていこうと思うと話し、私はこのような考え方で経営をしていくのだから、それに賛同してくれないか、共鳴してくれないかということを切々と、今後自分の相棒になってもらおうとしている人に説いていく。

そしてその人が共鳴してくれて、そういう考え方なら私もいっしょに協力していきましょうといってくれるようなものでなければなりません。

心で結ばれた信頼関係が大切です。もちろん、利害も合わなければなりませんが、ベースにあるのは、心で結ばれた、信頼できる仲間をつくっていくことです。京セラの創業のとき、私はあまりたいした技術ももっていませんでした。資金もありませんでした。何もなかったものですから、頼れるものは人間しかなかったので、その人間の心を頼りにしていこうと私は思ったのです。

ただし、人間の心というものは移ろいやすくて、すぐに裏切ったりもします。人間の心とは儚《はかな》くて頼りにならないものです。

しかし歴史をひもといてみれば、ほんとうに頼りになるすばらしい心もあったのではないか。命を賭《と》してでも約束を守り、関係を壊さない人もありました。

移ろいやすくて儚いのが人間の心かもしれませんが、

そのなかにもたいへん強く、信頼できるすばらしい心というものもあるはずではないか。

そういうすばらしい心と心の結びつきをつくるためには、私自身が相手から信頼される、頼りにしてもらえるような強い心で接しなければなりません。

片棒を担いでくれる相棒、つまりパートナーをつくる。そしてできれば、そのパートナーが一人いて、二人になり、三人になり、もし役員が六人いるとすれば、その六人全員が同じような心で結ばれた人間関係になる。そういうものになっているかどうかが、他力を強めてくれるのです。

自分の力だけではなくて、その役員全員の協力を得られるようにしていく。それが会社を経営していくときにたいへん大事なのです。そのためにはどうしても、自分で立派な考え方を構築して、その考え方に共鳴してくれるような仲間を役員にしていくことです。

全従業員の信頼と協力は欠かせない

もう一つは、全従業員の力を得るということも大切です。

全従業員の信頼を得、全従業員の協力を得られて、自発的に従業員が働いてくれるような雰囲気をつくるためには、会社経営については赤裸々なまで透明に話をして、コンパの席を通じては、私はこういう経営をしていこうと思うし、その結果、従業員のみなさんにはこうしてあげたいと思っているということも、赤裸々に話をしていくことです。

そうしながら、社員全員が「この社長の下ならついていこう。協力しよう。この社長なら私は協力を惜しまない」と思うまでにしていくことが大事なのです。

全従業員がどのくらいの理解度で協力をしてくれているのかということで、会社の経営は決まるといっても過言ではありません。

ですから、まず最初には、経営者として自力があること、能力があること。そして実力をもっている社長の下に他力、すなわち自分の副官として、パートナーとしての複数の幹部、全身全霊をもって社長に協力してくれる純粋な仲間を複数つくっていくこと。

それと同時に、この社長の下、我々も幸せになるために、協力を惜しまないという社員をつくっていく。他の力を得られるようにしていくこと、これが二番目の力です。他力を使うことができるということです。

偉大な自然の力を味方につける

よい思い、よい行いがよい結果を生む

（経営をしていくうえで大切な力の三番目も）他力についてですが、今度は宇宙の力を使わせてもらう、または偉大なる自然の力を味方につけるということです。

運命は変えることができるのだということをみなさんにお話ししています。よきことを思い、よきことを実行すれば、運命はよい方向に変わっていく。悪《あ》しきことを思い、悪しきことを行えば、運命は悪い方向へ

郵 便 は が き

料金受取人払郵便

新宿北局承認

8720

差出有効期間
2022年11月
30日まで
切手を貼らずに
お出しください。

169-8790

154

東京都新宿区
高田馬場2-16-11
高田馬場216ビル 5 F

サンマーク出版愛読者係行

ご 住 所	〒　　　　　　　　都道府県	
フリガナ		☎
お 名 前		(　　　)
電子メールアドレス		

ご記入されたご住所、お名前、メールアドレスなどは企画の参考、企画用アンケートの依頼、および商品情報の案内の目的にのみ使用するもので、他の目的では使用いたしません。
尚、下記をご希望の方には無料で郵送いたしますので、□欄に✓印を記入し投函して下さい。
□サンマーク出版発行図書目録

1 お買い求めいただいた本の名。

2 本書をお読みになった感想。

3 お買い求めになった書店名。

市・区・郡　　　　　　町・村　　　　　　書店

4 本書をお買い求めになった動機は?

・書店で見て　　　・人にすすめられて
・新聞広告を見て(朝日・読売・毎日・日経・その他=　　　)
・雑誌広告を見て(掲載誌=　　　)
・その他(　　　)

ご購読ありがとうございます。今後の出版物の参考とさせていただきますので、上記のアンケートにお答えください。**抽選で毎月10名の方に図書カード(1000円分)をお送りします。** なお、ご記入いただいた個人情報以外のデータは編集資料の他、広告に使用させていただく場合がございます。

5 下記、ご記入お願いします。

ご職業	1 会社員(業種　　)2 自営業(業種　　) 3 公務員(職種　　)4 学生(中・高・高専・大・専門・院) 5 主婦　　6 その他(　　)		
性別	男・女	年齢	歳

ホームページ　http://www.sunmark.co.jp　　ご協力ありがとうございました。

と変わっていく。

善因は善果を生み、悪因は悪果を生むという因果の法則は、厳然たる宇宙の真理なのだということを、これまでみなさんに申し上げてきました。

まさによきことを思い、よきことを実行することによって、人生によい結果をもたらしていくということが、偉大なる自然の力を味方につけるということなのです。

よきことを思い、よきことを実行すれば、よい結果が生まれる。悪いことを思い、悪いことを実行すれば、悪い結果が生まれる。この因果の法則は、人生においてハッキリしているわけですが、仏教ではこのことを「因縁」という言い方をしたりするのです。

我々はよく「因縁をつけられた」といったりして、悪いほうに使っていますが、「因縁」と書きます。

お釈迦《しやか》さまは悟りを開いて森羅万象、宇宙の真理というのは、もともと「因」というものがあり、その因が「縁」にふれて結果が生まれる、これが厳然たる事実なのだとおっしゃっています。

このことをのちに、白隠禅師などの高名なお坊さんがいろいろとたとえていっているのですが、たとえばお米は、籾《もみ》のひと粒が原因です。それを田に落とすと、水があり、土があり、日照があって暖かくなって芽が出てきます。その芽が大きくなり、やがて籾をつけてお米ができる。

つまり、籾という原因があり、それが水、土、太陽光線、気温などの縁にふれて、稲穂ができてお米がとれるという結果が生まれるわけです。

お釈迦さまは原因のことをカルマ（業）とおっしゃっていますが、この宇宙にはそういう因があります。因とは、仏教的には思念になります。何にもなかった宇宙の中で最初に興ったものが「思い」なのです。

キリスト教だったかユダヤ教だったか、「まず最初に言葉ありき」といいます。言葉がある、言葉を発するということは、思念がある、思いがあるということです。その何もなかったなかで最初に興った原因というのは「思い」です。その思いというものがすべての原因なのです。

仏教では、それを業といいます。前世からずうっと輪廻《りんね》転生をくり返してきた我々がもっている業というものがあります。その業が縁にふれて、結果が生まれます。

だから、いまあなたがこういう人生を送っているのは、こういう目にあっているのは、あなたが持って生まれてきた業が縁にふれて結果が表れているというわけですが、これは因果の法則とまったく同じです。

よいことを思い、よいことを行えばよい結果が生まれる。同じように、よい原因なのか、悪い原因なのか、その原因が縁にふれて結果をもたらすのだというわけです。

禅問答で語られる「因縁の法則」

私が所属している臨済宗の臨済禅の中に『無門関《むもんかん》』という問答集があります。この第二則に「百丈野狐《ひやくじようやこ》」という禅問答があります。

あるお坊さんが説法をしておられると、いつも年をとったお坊さんが聴きにきている。いつも熱心に説法を聴いているな、と思っていたのですが、あるとき説法が終わっても、その年老いたお坊さんが帰らない。質問があるというので聞いてみると、実は自分は四百年前、この寺の住職をしていた者だという。さらに老人は次のような話をしました。

――私が住職をしていたとき、「悟りを開いた偉いお坊さんは、仏陀《ぶつだ》が説いている因縁の枠、つまり因があれば結果が生まれる、縁にふれて結果が生まれるという因果の法則や因縁の法則から、解脱した存在なのでしょうか」と問われたことがありました。

私は「それは当たり前だ。悟りを開いた偉い人ともなれば、因縁の法則から離れてしまい、関係のないものになってしまう」と答えました。そう答えたばかりに私は狐《きつね》となってしまい、以来四百年間、この寺に棲《す》みつくようになってしまったのです。

あらためて、あなたにお聞きします。同じ質問ですが、悟りを開いた人は因縁の輪廻から超えることができるのでしょうか――

和尚さんは、その老人に答えます。

「たとえ悟りを開いた人であっても、因縁の世界から離れることはできません。しかし悟りを開いた人は、なぜ因果の世界があるのかということをよくわかっています。因果、因縁の世界をよくわかった人が、悟りを開くのです」

「なるほど、わかりました。私は、悟りを開いた人というのは因縁の世界から解き放たれ、自由なのだといったばかりに野狐となり、四百年間生きてきました。でも、和尚さんのお話を聞いてよくわかりました。因縁の世界から離れることはないけれども、因縁のもとをよく理解した人が悟りを開いた人なのですね」

老人は、これでわかりましたので、野狐として四百年を生きたわが身を、今日で終えます。この寺の裏山に野狐の死骸《しがい》があるはずですから、その野狐をひとりの坊主だと思い、どうぞ野辺送りをしてくださいといってその場を去ります。

しばらくして和尚さんは雲水たちを集め、いまから法事をすると伝えます。誰の法事だろう、誰も亡くなっていないはずなのに、と怪訝《けげん》な顔をしながらも、雲水たちは和尚さんにいわれた裏山に集まりました。

和尚さんが少し土を掘ってみると、そこに一匹の野狐の死骸があったので雲水たちは驚き、この野狐を荼《だ》毘《び》に付し、早朝、お坊さんの葬式と同じようにお経を唱え、葬ってあげました。

それで、野狐になっていたお坊さんは、このときにようやく野狐の輪廻から解き放たれたというのが、『無門関』の第二則「百丈野狐」というお話です。

この話をおまえはどう思うのかというので禅問答をするわけですが、この話からもわかるとおり、禅宗では本来、あの世のことや死後の世界のことは一切いわないのです。理知的なものが禅宗です。

その中にあっても、因縁や因果の法則が厳然としてあるということをいっているわけです。

慈悲と利他の心は感謝の念から生まれる

(経営をするうえで大事な)三番目の力は、偉大なる宇宙の力、自然の力を得るということです。

つまり、幸運を得るということが必要なのです。幸運を得るためには、経営者がよきことを思い、よきことを実行する。そうすれば宇宙の力を得ることができ、運命が好転していくのです。

では、その「よきこと」とは何なのでしょう。簡単にいえば、よきこととは「利他」です。つまり、他を思いやる心、慈しむ心、仏教でいう慈悲の心であり、やさしい思いやりの心、美しい愛の心のことです。

こういう他を思いやる心、慈しむ心、美しい愛の心が出てくるためには、「感謝の念」がつねになければなりません。感謝するというのは、自分自身が幸せだからです。その感謝の気持ちがあれば、当然他を思いやる心、他を慈しむ心になっていきます。

森羅万象あらゆるものに感謝する心をもっているこ

と、そのことだけでも美しいよき心であり、よき思いなのです。よき思いというのは、たくさんの言葉を並べる必要はありません。感謝する心、思いやりの心でよいのです。

では、悪い思いとは何かといえば、利他の対称にある「利己」です。自分だけよければいいという貪欲《どんよく》な心が悪しき心であり、悪しき思いです。

つまり、利他の思いをつねに抱き、感謝しながら生きている人は必ず宇宙の〝ラッキー〟を受けます。一方、自分だけよければいいという利己のかたまりのような悪しき心をもっている人は、やることなすこと、なかなか思うとおりにはうまく進んでいきません。

煩悩は知性でコントロールせよ

私がいつもみなさんにいうのは、感謝する心、やさしい思いやりに満ちた心、慈しみの心がなければならないのですが、そういう心をもつことは、またなかなか難しいということです。

人間は肉体をもっているだけに、もともと自然が与えてくれた本能というものをもっています。その本能のなかで一番強いものは、お釈迦さまがいわれた煩悩です。

この煩悩のなかでも一番キツいものが三毒といわれる三つの煩悩です。

一つ目が「貪欲」です。貪《むさぼ》り欲しくなる欲望のことです。

二つ目が「怒り」です。何かあればオレがオレがとなってカーッと怒ってしまう。

三つ目が「愚痴」です。不平不満を鳴らし、他人《ひと》を恨んだり、妬《ねた》んだり、そねんだりする。他人がうまくいけばうらやましがり、それを妬んだりそねんだりする。そういう悪しき思いが愚痴です。

貪欲、怒り、愚痴の三つは、実は自然が我々に与えてくれたものなのです。肉体がこの三つを要求するわけです。これらがなければ、人間は生きていけないのです。

欲がなければ物を食べることはできません。敵に向かって戦うという闘争心も、煩悩がなければありません。生きるために必要なものとして、自然が我々に与えてくれたものなのです。

しかし、我々は知性でもって自分がもつ本能、煩悩をコントロールしなければ、日常すべてを「貪欲」「怒り」「不平不満」の三つで行動してしまいます。

頭で考えるのではなくて、反射的にそれらが出てくる。反射的に腹が立つし、反射的に「これは損をしてしまう」と欲が出てくる。

頭でいったん、これは損をするからやめようと考えているのではありません。瞬間に、反射的に出てくるわけです。物が欲しい、食べたいということも、頭で考えてから出ているのではありません。反射的に出てくるのです。

反射的であるからこそ、我々の日常茶飯の行動を支配しているわけです。それが本能の中にある煩悩というものなのです。

本能、煩悩がなければ人間は生きられません。しかし、それが強くなりすぎてしまうと利己になってしまうのです。自分だけがよければいいという利己になる。つまり、悪しき思いになってしまうわけです。

ですから、何としてもそれを抑えて利他の心が出てくるようにしなくてはなりません。

「そうガツガツするなよ、自分だけよければいいというのはおかしいではないか。もっと世間を見てみろ。商売相手もあれば、従業員も仲間もある。いろんな人たち、そのみんなが幸せになっていくように考えたらどうだ」ということを我々の知性で、本能を抑えて、教えなければなりません。

　本能の中にある煩悩を抑えつけ、あまり出ないようにしたうえで、感謝の心が大事だ、思いやりがいるのだ、慈しみの心がいるのだということを日常茶飯、自分自身に言い聞かせていく。

　これは知性で教えていく以外にありません。ほうっておくと、本能の中の煩悩のままに生きてしまいます。つまり、利己心を抑えて、利他心がつねに出るように教えていく。そういう努力をしていくことが必要です。

心の庭をいつも美しく保つ

　昔からよく「人間、修養が必要ですよ」といわれます。または「修行が必要です」といわれますが、利己心を抑えて利他の心が出てくるように、いつもいつも自分に言い聞かせていく。

そのプロセスが、「あの人は修養を積んだ人だ」「あの人は精進をしていらっしゃる人だ」、また「あの人は修行をしていらっしゃる人だ」ということになっていくわけです。

私はよく、ジェームズ・アレンの次のような言葉を使います。

「人の心は庭のようなものです。もしあなたが自分の心の庭の手入れをしなかったならば、そこには雑草の種が舞い落ち、いつの間にか雑草が生い茂ってしまうでしょう。あなたが自分の心の庭にすばらしい草花の花を咲かせたいと思うならば、手入れをして、あなたが望む美しい花々の種を植えるべきです」

もし心の庭の手入れをしなかったならば、というのは、ほうっておけば、そこには煩悩という雑草が自然に生えるということです。煩悩しか生えてこないようになっているわけです。

だから、その煩悩の雑草を引っこ抜き、そこに新しい利他の心を、やさしい思いやりに満ちた慈しみの心を、感謝の心を植えていく。

さらに、手入れをしなければ、たちまちのうちにまた煩悩という雑草が生い茂って、せっかく植えた利他の心というものも枯れてしまいます。つねに手入れをして、利他の思いが出てくるようにしなければいけません。

ジェームズ・アレンの言葉を借りれば、そういうことがいえるわけです。

利己心を抑え、利他の心が出てくるように、感謝の心が出てくるように自分に言い聞かせ、言い聞かせて努力をしていく。努力をし、手入れをしていかなければなりません。いまここで聞いたからといって、利他の心は簡単には出てきません。

自然が力を分け与えてくれるとき

努力をしていくとどうなるかというと、人柄が変わっていくのです。十年前、二十年前のあの人とはだいぶ違うなといわれるようになる。つまり、性格が変わる、人格が変わる。よい方向へ人柄が変わっていくのです。

つねに自分に言い聞かせ、自分の心を調整しているから性格が変わり、人格が変わる。もう少しいえば、感じのよい人へと変わっていく。もっといえば、人相までが変わっていく。

顔は心の写し、心は表情に出るといわれているとおり、心が手入れをされ、そういうものになっていけば変わっていくはずです。

私が自分で経験していますが、若いころはそうでもなかったのですが、年がいってから、虫が殺せなくなってしまったのです。

みなさんも家にゴキブリが出てくると、うわっ、ゴキブリだ！　とホウキを持ち出してつぶしたりしていると思いますが、最近はゴキブリだけではなく、夏になると出てくる蚊《か》も、昔なら、うわっ、かゆい！　となってパチンと見事に殺していたのですが、殺せなくなりました。

血を吸っていても、「ちょっとあんた、あっちに行ってよ」となる（笑）。自分でもどうしてそうなったのか、わからないのです。

私の自宅の周辺は自然が多いものですから、クマンバチという大きなハチもよく飛んできます。庭師さんもこのハチは危ない、すぐに追い払わなければなりませんというのですが、私はブーンと近くに飛んできても何とも思わないし、逃げもしない。すると、向こうも危害を加えようとしないわけです。

夏に行事をしようと思ったとき、突然夕立が降ってきて私にとっては障害になることがあります。それでも、いまのいままでかんかん照りで、アスファルトのすき間から伸びている草も水がなくて青息吐息になっている。そこへにわか雨が一週間ぶりに降った。すると、その雑草が喜んでいる声が聞こえてくるように思うのです。

私にしてみれば都合が悪いのに、「ああ、雨が降ってよかった」となる。ほんとうなら、悪いときに雨になったものだと思わなければならないのに、そこにある自然の植物たちが喜んでいる様が聞こえてくるので、「ああ、雨が降ってよかった」と思ってしまう。

本来なら悪いというべきときでも、そうなってしまうのです。

利己心を抑え、利他心が出るようつねに自分に言い聞かせていけば、その人の性格も変わるし、人間性も変わっていく。同時に、虫たちといった自然界までが、その人に害を及ぼそうとしなくなってきます。

もっといえば、宇宙からの協力も得られるということなのです。それは何も超能力的な超常現象のことをいっているのではありません。運がよくなっていくということです。

やることなすこと普通ならとちったり、いろんな妨害にあったりするものが、運が開けていく。自分がそうしたのではなくて、自然にそういうふうになっていく。そういうこともあるのではないかと思っています。

つまり、偉大な宇宙の力を味方につけるような経営者でなければならない――これが、二つ目の「他力」です。

つまり、幸運に恵まれていなければならない。その幸運はつくることができるのです。単にあの人は運がよいというのではなくて、その人が美しい心をしているから幸運に恵まれるわけです。

「自利利他」のすばらしい経営をめざせ

（経営をするうえで大切な一番目は）経営者として自分自身が力をもっていなければなりません。

二番目は、すばらしいパートナーを見つけ、それを得られる力があること。同時に、従業員のすべてから協力してもらえるという、「他力」が使える人であること。

三番目の「他力」は、宇宙、自然の協力を得られる人であること。

これら三つの力がなければ立派な経営者、立派な経営にはなっていかないように思います。

善因は善果を生み、悪因は悪果を生むということまではこれまでもいいましたが、それが自然の幸運を呼び込むのだというところは今日初めてお話ししたかと思います。森羅万象あらゆるものが協力をしてくれるようになるはずです。

いわずもがなだと思いますが、「利他の心で経営などできるか」ということが、資本主義の社会ではよくいわれます。オレがオレが、という利己でなければ経営はできないというふうに思われていますが、けっしてそうではありません。

仏教でいう「自利利他」ということです。自分の利益を得たいと思うなら利他がいる。他を助けてあげるということがなければ自分の利益も得られないのです。

ですから仕事をする場合、計画を立てたりする場合に、自分が儲けよう儲けようと思って計画を立てるのか、それともそうではなく、参画する周囲の人たちすべてが幸せになるようにと思って事業計画を練るのか。それによって、事はがらりと違ってきます。

「みんなのために」という思いがあって強力な事業計

画を立てたときには、仕事はうまくいきます。自分だけ儲けようという思いならば、がんばって立派な計画を立てたとしても、他の妨害があったりしてなかなかうまくいかなくなってしまいます。

ですから、資本主義社会の中にあっても利他というものは非常に大事なのだ、ということを重ねて申し上げて、今日のお話を終わります。ありがとうございました。

1. ストックオプション

経営者・従業員などが、あらかじめ定められた価格で一定期間内に自社株を購入できる権利で、株価が上昇することにより報酬が得られる制度。

生き方の神髄2

稲盛和夫箴言集

11・

事業を行う以上、必ず利益は上げなければならないが、こうした利益はあくまでも結果であって、事業を行うプロセスには、事業を通じて「世のため人のため」という大義に尽くす姿勢がなければならない。

（『敬天愛人』）

12.

経営における判断は、世間でいう筋の通ったもの、つまり「原理原則」に基づいたものでなければならない。我々が一般にもっている倫理観、モラルに反するようなものでは、けっしてうまくいくはずがない。

（『敬天愛人』）

13.

「売り上げを最大に、経費を最小にする」という原則こそ、世間の常識を超えた、経営の神髄といえるものである。一般の企業では、「こういう業種で、利益率はこんなものだ」という暗黙の常識を基準に経営をしている。ところが、この原則からすれば、売り上げはいくらでも増やすことができるし、経費も最小にすることができるはずである。その結果、利益をどこまでも増やすことができる。

（『アメーバ経営』）

14・

新しい事業を発展させるためには、何にもとらわれない自由な発想が必要である。また、そのような自由な発想は既成概念に染まりきった専門家からではなく、素人から生まれる。

（『日本への直言』）

15.

商売の秘訣《ひけつ》は、お客さまが納得して、喜んで買ってくださる最高の値段を見抜き、その値段で売ることだ。値決めは事業の死命を決する重大な判断であり、最終的には経営者が決断すべきである。「値決めは経営」なのである。

（『高収益企業のつくり方』）

16・

土俵の真ん中で相撲をとるべきだ。余裕が十分ある段階においても、危機感をもち必要な行動を起こすことが大切となる。これが安定した事業を行う秘訣だ。

（『成功への情熱』）

17.

企業は永続的に発展していかなければならない。従業員の物心両面の幸福を追求するためには、採算を向上させ、手元のキャッシュを増やし、財務体質を強化していくことが前提となる。したがって採算向上は、会社を繁栄させていくための必要条件ということができる。

（『アメーバ経営』）

18・

人は誰でも責任感や使命感をもったとき、自ら燃えて仕事に打ち込む。高収益経営とは、経営に積極的に参加する従業員が、目標に向かって一丸となる燃える集団となったとき、初めて可能となる。

（『高収益企業のつくり方』）

19.

ベクトルをそろえることが大切だ。同好のクラブや社交団体ならば、基本的な意見の相違は活気がある証《あかし》になるだろう。しかし、使命をもった組織である企業にとっては、全員が同じ価値観を共有することは必要条件なのだ。

（『成功への情熱』）

20.

非常に移ろいやすいのも人の心なら、ひとたび結ばれると世の中でこれくらい強固なものもない。歴史をひもといても、人の心がどれほど偉大なことを成しうるかということは枚挙にいとまがない。集団を率いていくには、結局、人の心を頼りにする以上に確かなものはない。

（『アメーバ経営』）

出典（いずれも稲盛和夫著・一部改変したものがあります）

11．『敬天愛人』134ｐ（ＰＨＰ研究所）

12．『同』47ｐ

13．『アメーバ経営』38ｐ（日本経済新聞社）

14．『日本への直言』152ｐ（ＰＨＰ研究所）

15．『高収益企業のつくり方』30ｐ（日本経済新聞社）

16．『[新装版]成功への情熱』150、151ｐ（ＰＨＰ研究所）

17．『アメーバ経営』162、163ｐ（日本経済新聞社）

18．『高収益企業のつくり方』176ｐ（日本経済新聞社）

19．『[新装版]成功への情熱』200、201ｐ（ＰＨＰ研究所）

20．『アメーバ経営』23ｐ（日本経済新聞社）

稲盛和夫（いなもり・かずお）　一九三二年、鹿児島生まれ。鹿児島大学工学部卒業。五九年、京都セラミック株式会社（現・京セラ）を設立。社長、会長を経て、九七年より名誉会長。また、八四年に第二電電（現・ＫＤＤＩ）を設立、会長に就任。二〇〇一年より最高顧問。一〇年には日本航空会長に就任。代表取締役会長、名誉会長を経て、一五年より名誉顧問。一九八四年には稲盛財団を設立し、「京都賞」を創設。毎年、人類社会の進歩発展に功績のあった人々を顕彰している。著書に『生き方』『心。』『京セラフィロソフィ』（いずれも小社）、『働き方』（三笠書房）、『考え方』（大和書房）など、多数。

稲盛和夫オフィシャルホームページ
https://www.kyocera.co.jp/inamori/

【稲盛ライブラリーのご案内】

「稲盛ライブラリー」は、稲盛和夫の人生哲学、経営哲学である京セラフィロソフィを学び、継承・普及することを目的に開設されています。稲盛の人生哲学、経営哲学をベースとして技術者、経営者としての足跡や様々な社会活動を紹介しています。皆様のご来館を心よりお待ち申し上げております。

■所在地　〒612-8450 京都市伏見区竹田鳥羽殿町9番地
（京セラ本社ビル南隣り）

■開館時間　午前10時00分～午後5時00分

■休館日　土曜・日曜・祝日および会社休日

■ホームページ

https://www.kyocera.co.jp/company/csr/facility/inamori-library/

経営に求められる力

二〇二一年　一月　五　日　初版印刷
二〇二一年　一月十五日　初版発行

著　者　稲盛和夫
発行人　植木宣隆
発行所　株式会社　サンマーク出版
〒一六九-〇〇七五
東京都新宿区高田馬場二-一六-一一
（電）〇三-五二七二-三一六六
印刷　共同印刷株式会社
製本　株式会社若林製本工場

ISBN 978-4-7631-3882-8　C0030
ホームページ　https://www.sunmark.co.jp